KB079801

"   "
───

\- 빈티지 소품

빈티지의 위안

7개의 빈티지 소품들이 우리에게 하고자 하는 말

글, 그림 여울(Yeouul)

프 롤 로 그

"그들이 우리에게 하고 싶은
말은 무엇일까?"

언제부턴가 빈티지한 장소와 레트로 제품들이 젊은 층 사이에서 사랑받기 시작했다. 을지로, 익선동 등 옛 정취가 남아있는 오래된 골목이나 상점들이 인기를 끌고, 많은 사람이 이곳을 탐방하며 80, 90년대 감성을 즐기고 있다. 레트로의 열풍이 점점 거세지자 '뉴트로(New-tro)'라는 신조어까지 등장했다. '뉴트로(New-tro)'는 '새로움(new)'과 '복고(retro)'가 합쳐져 만들어진 단어이다. 레트로의 인기는 계속해서 커지고 있고, 예전에 출시했던 상표와 상품이 재등장해 그때 그 시절의 향수를 불러일으키며 우리의 감성을 자극하기도 한다.

빈티지가 급부상하며 인기를 끌기 시작했던 2019년에 나는 세운상가에서 스튜디오를 운영하고 있었다. 레트로의 중심지가 된 을지로가 급격히 부상하는 것을 바로 가까이에서 지켜보았다. 많은 사람이 옛날 감성과 분위기를 즐기는 것이 반가우면서도 한편으론 이 유행이 한순간에 식어버리진 않을까 걱정도 됐다. 그러나 현재까지 여전히 레트로의 인기는 식지 않고 있다. 빈티지가 지금까지 사람들에게 사랑받는 이유에 대해 생각해보았다. 어쩌면 감정적으로 지친 현대인들이 현재보다 물질적으로는 덜 풍족할지언정 마음만은 따뜻하게 살 수 있었던 옛 감성을 그리워하고 있는 것 아닐까.

빈티지한 카페, 식당과 더불어 빈티지 소품도 많은 인기를 끌고 있다. 빠르게 발달하고 변화하는 현재에 과거 제품들이 다소 불편하게 느껴질 수 있음에도 불구하고 옛날 소품의 인기는 사그라지지 않고 있다. 기술의 발전으로 현대 제품들은 점점 단조롭고 단순한 형태의 모양이 선호되고 있다. 그에 비해 과거 제품들은 독특한 색감과 복잡한 구조의 형태가 많다. 갈수록 미니멀해지고 정형화되고 있는 현대의 디자인 속에서 사람들은 개성 있는 옛날 물건들을 신선하고 유쾌하게 받아들이고 있다.

특히 아날로그 감성에 흠뻑 취할 수 있는 LP 플레이어가 레트로를 좋아하는 많은 사람에게 큰 관심을 받고 있다. 현재는 핸드폰으로 거의 모든 음악을 감상할 수 있음에도 불구하고 사람들은 계속해서 LP 플레이어를 구매하고 있다. 이렇게 많은 관심 속에서 레코드판이 부활하며 2020년에 미국에서는 LP 매출이 80

년대 이후 처음으로 CD를 제쳤다고 한다. 계속해서 인기를 더해가는 빈티지 소품을 나는 하나하나 관찰해보기 시작했다. 제품의 발달과 변화로 인해 과거와 현재 우리의 삶에 달라진 부분이 무엇인지 생각해보았다. 그리고 만약 옛날 소품들이 우리에게 말을 건넨다면 그들이 우리에게 하고 싶은 말이 무엇일지 상상해보았다. 우리가 잠시 잊고 있었던 예전의 일상을 떠올려 보며 나만의 해석으로 빈티지 소품들의 메시지를 전달해 보기로 했다.

과거가 있기에 현재가 있다는 말이 있듯이 우리의 어린 시절이 있기에 우리의 현재가 존재한다. 우리의 지나간 시절은 가까운 과거이자 우리의 삶에 큰 영향력을 미치는 한 부분이기도 하다. 옛날 소품들의 메시지를 통해 우리의 지난 시절의 일상과 삶을 되돌아보면 현재를 살아가는 데에 더 융통성 있게 대처하고, 잊고 있었던 삶의 방향을 찾을 수 있지 않을까 하는 마음을 담아 이 책을 만들기 시작했다.

차례

"I can't capture any
special day like before."
- Classic Camera

"전처럼 특별한 날을
간직할 수 없어."
- 클래식 카메라

"Now we all have
different times."
- Clock

"이제 우리는 모두 다른
시간을 보내고 있어."
- 시계

"I am not getting
old, I am becoming a
classic."
- Classic Car

"나는 나이 드는 게
아니야, 클래식이 되는
거지."
- 클래식 자동차

옛날 텔레비전

옛날 전화기

타자기

옛날 라디오

클래식 카메라

시계

클래식 자동차

"그들의 메시지를 통해
우리의 지난 시절의 일상과 삶을
되돌아보면 현재를 살아가는 데에
더 융통성 있게 대처하고,
잊고 있었던 삶의 방향을 찾을 수
있지 않을까."

빈티지의 위안

1장

그들이 우리에게 말하고자 하는 것

What they want to tell us.

옛날 텔레비전

옛날 전화기

타자기

옛날 라디오

클래식 카메라

시계

클래식 자동차

"예전에는 함께 보고
공유하곤 했었는데."

– 옛날 텔레비전

**WE USED TO WATCH AND
SHARE TOGETHER BEFORE**

"예전에는 함께 보고 공유하곤 했었는데."

– 옛날 텔레비전

텔레비전 앞에 앉아 예능과 뉴스 등을 함께 보면 자연스럽게 각자의 주관적인 생각과 의견을 발설하게 된다. 서로 다른 의견이 한편으론 거슬릴 때도 있겠지만 이렇게 생각을 공유하는 것이 삶에 다각적인 시선을 갖추는 데 도움이 되었다고 생각한다. 현재 우리는 다양한 정보와 기회 속에 살고 있지만, 오히려 다른 관점에서 바라볼 경험으로부터 단절되고 있다.

어린 시절을 떠올려 보면 나는 거의 매일 오빠와 함께 텔레비전 앞에 앉아 있었다. 부모님이 맞벌이하셨기에 우리를 돌볼 시간이 많지 않았고, 오빠와 나는 만화 나올 시간만을 기다리며 매일 텔레비전 앞에 앉아 있었다. 텔레비전을 정말 사랑하는 나였지만 텔레비전을 좋아하는 이유는 한 가지 더 있었다. 누군가와 함께 본다는 것이다. 특히 주말 아침에 방송하는 만화를 기다리는 것은 나에게 너무나도 달콤한 숙제 같은 일이었다. 어린 나에게 주말 아침 9시쯤 하는 만화를 보기 위해 일찍 일어나는 일은 힘들었지만, 책임감을 느낄 정도로 내게 중요했던 일이기도 했다.

어떤 날은 아침에 늦게 일어나서 거실에 나와보면 오빠가 먼저 앉아서 만화를 보고 있었다. 그러면 나는 오빠에게 화를 내며 말했다. 왜 나를 깨우지 않고 혼자 보고 있었냐며 말이다. 그렇게 투덜대다가도 오빠 옆에 앉아서 같이 만화를 보곤 했다. 집에 텔레비전은 한 대뿐이었기에 가족들이 텔레비전을 보기 위해서는 거실로 나와 모두 다 같이 시청해야 했다. 축구도 같이 보면서 응원하고 드라마와 예능도 함께 보곤 했다. 최신 특선영화가 방영되는 명절에는 과연 이번엔 어떤 영화가 편성될지 기대하는 재미도 있었다. 한 번도 보지 않았던 영화가 방송되면 가족들과 함께 그 시간을 기다리며 다 같이 거실에 앉아서 텔레비전을 보곤 했었다. 비록 작고 화질도 좋지 않은 텔레비전이었지만 누군가와 함께 보고 그 감정을 공유하며 마음을 나눌 수 있어 좋았다.

요즘은 모든 사람이 인터넷을 할 수 있고, 다양한 기기를 통해 수많은 콘텐츠를 즐기는 시대이다. 인터넷을 통해 방송, 영화, 교육 등 각종 미디어를 제공하는 플랫폼인 OTT(Over-the-top media service) 서비스가 발달하며 우리 삶에는 콘텐츠 선택의 자유와 다양한 기회가 생겼다. 우리는 언제 어디서나 인터넷과 스마트 기기만 있으면 원하는 콘텐츠를 시청할 수 있다. 기존의 OTT는 TV 셋톱박스 같은 단말기에 연결해서 콘텐츠를 제공하는 것을 의미했지만, 인터넷 기술이 발전함에 따라 모바일로 유통되는 콘텐츠가 많아지면서 의미가 확장되었다. 특히나 코로나 19 직격탄을 맞으며 OTT 서비스 가입자가 현저히 증가했고, 2021년 국내 온라인동영상 서비스(OTT) 시장 규모가 3조 원을 넘어설 것으로 전망하고 있다. OTT 서비스는 AVOD, SVOD, TVOD, 하이브리드형 VOD로 크게 4가지로 나누어진다. 유튜브처럼 무료지만 광고를 봐야 하는 'AVOD', 넷플릭스와 같은 구독형 서비스인 'SVOD', 원하는 콘텐츠를 단품으로 결제하는 'TVOD', 구독형 서비스와 단품 결제, 실시간 방송 시청이 혼합된 서비스인 '하이브리드형 VOD' 이렇게 4가지가 OTT 서비스의 대표적인 형태이다.

　코로나 19로 인해 콘텐츠 시장이 호황을 이뤘고 이에 따라 OTT 시장은 급격히 성장했다. 국내 OTT 서비스 가입자 수는 팬데믹 전후 큰 변화를 보여줬다. 2019년 9월과 2020년 5월을 비교했을 때 넷플릭스 가입자 수는 약 2배 증가하였다. 티빙은 324만 명에서 394만 명, 왓챠는 84만 명에서 90만 명으로 상승했다. 젊은 층뿐만 아니라 스마트폰을 사용하는 모든 연령층이 콘텐츠를 접하며 OTT 서비스 가입자가 큰 폭으로 상승한 것이다.

지금은 인터넷과 핸드폰만 있으면 편하게 자신의 취향대로 좋아하는 영상만 골라서 편식하듯이 시청할 수 있다. 이제는 굳이 거실에 나와서 텔레비전을 보지 않더라도 나만의 공간에서 혹은 이동 중에도 우리는 보고 싶은 콘텐츠를 자유롭게 시청할 수 있다. 단순한 재미를 위한 콘텐츠뿐만 아니라 교육 관련 영상도 공간 제약 없이 시청할 수 있어 예전보다 훨씬 나은 조건의 공부 환경을 조성할 수 있다. 교실에서 굳이 수업을 듣지 않더라도 인터넷상으로 쉽게 유명 강사의 강의나 다양한 교육 영상을 접할 수 있기 때문이다. 과거와 비교해서 생각해보면 지금 우리는 시간과 공간을 경제적으로 활용할 수 있는 획기적인 서비스를 제공하는 시대에서 사는 것이다.

그렇지만 한편으론 한 대의 텔레비전 앞에 둘러앉아 각자의 취향 고려 없이 온 가족이 같은 프로그램을 봐야만 했던 때가 가끔은 그립기도 한다. 이제는 보고 싶은 채널을 보기 위해 가족 구성원이 리모컨 전쟁을 하지 않아도 되지만 함께 보고 공유하는 것이 점점 적어지면서 서로의 감정과 이야기를 공유하는 시간도 줄어들고 있다.

텔레비전 앞에 앉아 예능과 뉴스 등을 함께 보면 자연스럽게 각자의 주관적인 생각과 의견을 발설하게 된다. 서로 다른 의견이 한편으론 거슬릴 때도 있겠지만 이렇게 생각을 공유하는 것이 삶에 다각적인 시선을 갖추는 데 도움이 되었다고 생각한다. 현재 우리는 다양한 정보와 기회 속에 살고 있지만, 오히려 다른 관점에서 바라볼 경험으로부터 단절되고 있다. 이는 우리가 점점 타인과 공유하는 것이 줄어들었기 때문이다. 이러한 점이 우리가 예전 시절을 그리워하는 이유 중 하나이지 않을까 싶다. 가끔은 거실에 온 가족이 둘러앉아 이런저런 얘기를 하며 다 함께 텔레비전을 보는 시간을 가져보는 것은 어떨까.

We used to watch and share together before.

내 앞에 많은 사람들이 둘러앉아
나를 봐주던 때가 그리워.

- 옛날 텔레비전

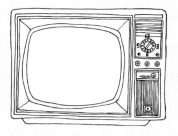

What they want to tell us.

옛날 텔레비전

옛날 전화기

타자기

옛날 라디오

클래식 카메라

시계

클래식 자동차

"'좋아요'만 누르지 말고,
좋다고 말해!"

– 옛날 전화기

DON'T JUST CLICK "LIKE"
SAY "LIKE"

"'좋아요'만 누르지 말고, 좋다고 말해!"

– 옛날 전화기

연락 수단은 갈수록 더 편리하게 발달하고 있지만, 수단을 통한 체감할 수 있는 감정의 전달은 점점 줄어들고 있다. 전화기가 주된 연락 수단이었던 과거에는 수화기 너머로 자신의 수줍은 감정을 전달하곤 했다.

우리는 현재 '좋아요'로 안부를 확인하고 '좋아요'의 개수로 인기의 척도를 확인할 수 있는 시대에 살고 있다. SNS에서 '좋아요'는 단순한 감정 표현이 아닌 여러 의미를 내포하고 있는 상징적인 표현수단이다. 소셜 네트워크 창에 존재하는 '좋아요' 버튼을 누르면 특정 콘텐츠나 인물에게 나의 호감과 지지를 표현할 수 있다.

기기에 단순한 터치만으로 표현할 수 있는 '좋아요' 기능에는 사람들과 쉽게 연결할 수 있다는 장점이 있다. 가까운 사이가 아니어도, 잠시 연락이 끊겼어도 SNS상으로 '좋아요' 버튼을 눌러 나의 호감과 존재를 드러냄으로써 관계의 지속이 조금 더 편해졌다. 자신이 좋아하는 연예인이나 유명인에게도 온라인상으로는 쉽게 다가갈 수 있다. 그들 계정에서 '좋아요'를 누름으로써 호감이나 존경의 마음을 상대에게 편리하게 전달할 수 있다.

이렇게 '좋아요'로 간단하게 안부를 물을 수 있는 지금 시대에 우리가 말 대신 자주 사용하는 것이 또 있다. 필수적인 연락 수단인 카카오톡에서 텍스트 대신 많이 사용하는 이모티콘이다. 단어와 문장이 아닌 캐릭터의 표정과 행동 묘사를 통해 자신의 감정을 더 입체적으로 간단하게 표현할 수 있다. "좋아해.", "사랑해."라는 말보다는 귀여운 캐릭터가 하트를 만드는 이모티콘을 전달함으로써 자신의 감정을 상대에게 시각적으로 묘사할 수 있다. 이러한 이모티콘을 사용함으로써 감정표현에 미숙한 사람들도 이전보다는 더 확대된 표현을 할 수 있게 되었다. 말로 표현하기 힘든 부분도 사랑스러운 캐릭터가 자신의 마음을 대신 전달해 주기 때문에 조금 더 간편하게 상대와의 대화를 이어갈 수 있다. 그리고 가끔 대답하기 어려운 경우에 우리는 캐릭터의 깜찍한 표정을 빌려 대답하여 상황을 쉽게 모면하기도 한다.

요즘에는 이렇게 '좋아요'나 이모티콘과 같이 간접적으로 표현할 수 있는 수단들이 등장하여 감정을 직접적으로 표현하는 경우가 줄어드는 것 같다. '국민 메신저'라고 불리는 카카오톡의 국내 월간 활성 이용자(MAU) 수는 2021년에 4,587만 1,000명을 기록했다. 5천만 명이 조금 넘는 대한민국 인구수와 비교했을 때 대한민국 국민 대부분이 카톡을 사용한다고 볼 수 있다. 이렇게 카톡이 우리 생활에 보편화하면서 요즘에는 전화보단 카톡을 더 선호하는 경향이 있다. 특히 연령층이 낮아질수록 전화보단 카톡을 더 선호한다. 오스틴 텍사스대학 연구팀의 주장에 따르면 전화 통화로 더욱 강력한 유대감을 만들 수 있지만, 현대인은 문자나 이메일을 선호한다고 한다. 또한, 한 통계에 따르면, 밀레니얼 세대의 75%가 시간을 낭비한다는 이유로 전화 통화를 피한다는 결과가 있었다.

과거에는 지금의 카톡과 SNS를 전화와 편지, 메모가 대신했다. 연락은 주로 전화기를 사용하여 자신의 목소리로 전달했고 어려운 감정을 말로 표현하지 못할 때는 심사숙고하며 한 글자 한 글

Don't just click 'love', say love!

자를 신중히 편지에 담아 전달하곤 했다. 같은 텍스트 연락 수단이어도 카톡과 편지에는 큰 차이점이 있다. 편지를 작성하는 사람은 그 글에 정성을 담고, 읽는 사람은 글을 통해 보낸 사람의 감정을 고스란히 느낄 수 있다. 편지에 적는 글에는 마치 모두가 다 다른 지문을 가지고 있듯이 자신만의 개성과 감정이 담겨있다. 그래서 가끔은 말보다도 편지로 더 진실한 마음을 전달할 때도 있다.

연락 수단은 갈수록 더 편리하게 발달하고 있지만, 수단을 통한 체감할 수 있는 감정의 전달은 점점 줄어들고 있다. 전화기가 주된 연락 수단이었던 과거에는 수화기 너머로 자신의 수줍은 감정을 전달하곤 했다. 전화기 스피커 구멍을 통해 "좋아해.", "사랑해."라는 어려운 말들을 힘들게 끄집어내며 자신의 진실한 감정을 전달하던 시절이 그립게 다가온다. 가끔은 이모티콘이나 SNS의 '좋아요'보다 전화를 걸어 상대에게 자신의 음성으로 솔직한 감정을 전달해보는 건 어떨까.

Don't just class 'love', say love!

35

작은 떨림으로 '좋아해'라고
말하던 때가 그리워.

- 옛날 전화기

What they want to tell us.

옛날 텔레비전

옛날 전화기

타자기

옛날 라디오

클래식 카메라

시계

클래식 자동차

"아무거나 어떻게 쓰지!"

— 타자기

HOW TO WRITE ANYTHING

빈 티 지 의   위 안

"아무거나 어떻게 쓰지!"

– 타자기

글을 잘 쓰는 능력이 우리 삶에서 필수 요소는 아니지만, 글은 우리에게 융통성 있게 생각할 수 있는 잠재력을 주고 상황에 따라 논리와 설득력 있게 말하는 법을 가르쳐 준다. 글에는 글 쓰는 사람에 따라 각자 고유의 언어와 감성이 내재하여 있다. 현대 생활 속에서 글을 써야 하는 일들이 점점 줄어들면서 글쓰기로 얻을 수 있는 이러한 능력들이 도태되고 있다.

디지털화가 된 현재와 아날로그였던 과거를 비교했을 때 일상의 변화 중 하나는 글쓰기 습관이다. 예전에는 글 쓰는 것이 일상생활과 업무에서 상당히 중요한 요소로 작용했다. 메모 한 장을 남기더라도 맞춤법을 틀리지 않기 위해 신경 써야 했고 문장 안에서도 예의를 지키며 작성해야 했다. 그리고 과거에는 글로 작성하는 것이 기록으로서 중요한 역할도 했다. 일지나 비망록 등 반드시 글로 작성해서 남겨야 하는 일들이 비교적 많았다. 지금은 기술의 발전으로 인해 디지털 시대에 맞춰 사진이나 동영상과 같은 콘텐츠들이 글을 대체할 수 있게 되었다. 여러 가지 디지털 콘텐츠들이 글을 대신하며 우리 삶에서 글 쓰는 습관이 점차 사라지게 되었다.

과거와 비교했을 때 글 쓰는 형태와 방법에 많은 변화가 생겼다. 요즘은 일상 속에서 글로 전달할 때 조리 있게 쓰기 위해서 깊이 고민하지 않는다. 카카오톡과 메일이 메모와 편지의 역할을 대신하면서 예전보다는 조금 더 편한 방식과 언어로 내용을 전달할 수 있게 되었다. 특히 카카오톡처럼 짧은 문장으로 대화를 주고받는 의사소통에 익숙해지면서 사람들은 글의 형식에 크게 신경 쓰지 않는다.

컴퓨터 대신 타자기를 쓰던 시대에는 중요한 사항을 편지와 문서로 보내곤 했었다. 이렇게 글로 내용을 전달할 때 과거 사람들은 단어를 고심해서 선택해 적었으며 전달 사항을 올바르게 전달할 수 있도록 몇 차례 검토도 하였다. 펜으로 쓸 때는 컴퓨터처럼 키보드의 'delete' 키를 눌러서 삭제할 수 없기에 글의 전체 맥락과 적절한 단어를 고려하며 조심스럽게 문장을 채워 나가야 했다. 그래서 과거에는 작문 능력을 중요시해 글 쓰는 기본 틀과 규칙을 필수 요소로 배웠으며 이를 활용하여 일상과 업무에 적용했다. 현재는 사진, 동영상 등 다양한 매체들이 시각적으로 편리하게 사용되며 글의 사용 범위가 작아졌고 글쓰기의 중요성도 함께 줄어들었다.

이러한 글쓰기 습관의 변화는 특히 디지털에 더 많이 노출된 세대일수록 눈에 띄게 나타났다. 인터넷이 도입되고 채팅이 보편화되면서 사람들은 짧고 간결하게 대화하는 것에 적응하기 시작했다. 채팅 문화가 발달하며 줄임말과 은어가 남발되고 고의로 틀린 맞춤법을 사용하는 단어들이 유행하며 이를 즐기는 사람들이 많아졌다. 그리고 이것은 언어 능력을 배워나가고 있는 학생들의 읽기, 쓰기 능력을 도태시키는 데 큰 문제로 자리 잡았다. 이러한 이유로 요즘 젊은 세대들은 긴 글을 읽고 쓰는 것에 지루함을 느끼고 두려움을 가지고 있으며, 글을 낯설어하는 사람들이 점차 늘어나고 있다.

3년마다 OECD 회원국 79개국 만 15세 학생을 대상으로 읽기, 수학, 소양을 측정하는 '국제 학업성취도 평가(PISA)'가 있다. 2018년도 결과에서 한국의 '읽기' 점수는 계속 하락하고 있는 것으로 확인되었다. 2000년 참가 첫해 525점이었던 읽기 점수는 2006년에 556점을 기록한 뒤, 계속해서 하락하여 2018년에는 514점까지 내려앉았다.

중등교육뿐만 아니라 고등교육 현장에서도 문해력 저하 현상은 그대로 나타난다. 현재 Z세대들은 메신저나 SNS 등을 통해 짧고 간결하게 의사소통을 하므로 길고 복잡한 구조의 문장 해독이나 자신의 논지를 펼치는 데 어려움을 느끼고 있는 것으로 알려졌다. 이에 반드시 이수해야 하는 교양필수 과목으로 '독서와 토론', '글쓰기' 등을 지정하는 대학들이 많아졌다. 서울대를 비롯해 건국대, 경북대, 고려대, 명지대, 아주대, 연세대, 중앙대, 충남대, 충북대, 한국외대 등은 자체 교재를 발간해 글쓰기 교육을 진행하고 있다. 자체 교재 이외에 시중의 교재를 활용해 글쓰기 교육을 하는 대학까지 더하면 그 범위는 전국 대부분 대학에 다다른다. 이렇게 많은 대학에서 '글쓰기'를 필수로 가르친다는 것이 과거에는 상상도 할 수 없는 일이었을 것이다. 기본적으로 갖춰야 할 능력인 '글쓰기'를 초, 중, 고등학교 과정을 마치고 가는 대학교에서 가르친다는 것이 사실 아이러니한 일이다. 그렇지만 이 것은 시대가 변하면서 생겨난 자연스러운 현상이다.

글을 접하는 일이 점점 줄어들고 있는 이 시대에 글쓰기가 중요한 이유를 다시 짚어보게 되었다. 1966년 노벨 생리의학상을 수상한 피터 도허티 박사는 노벨상을 받게 된 원동력이 무엇인지 묻는 말에 대한 대답으로 독서 경험과 글쓰기 능력을 강조했다. 또한, 글을 잘 쓰는 사람이 생각도 명확히 하며, 연구도 잘한다고 대답했다.

우리는 글을 쓰기 위해 무언가를 손에 잡는 순간 먼저 생각부터 하게 된다. 어려운 글이 아니더라도 바로 첫 문장부터 줄줄이 써 내려가는 것은 힘들다. 아무 글이나 쓴다고 하더라도 한참 고민하다가 한 글자씩 적어 나간다. 이렇게 떠오르는 생각을 글자로 기록하면서 머리 속이 정리되고 마음도 차분해진다. 이러한 행동을 반복하다 보면 논리와 설득력이 발달하고 자기 생각을 분명하게 표현하는 데에 도움이 된다. 예전에 타자기나 종이를 사용하던 시대에는 글을 쓰다 실수하면 처음부터 다시 써야 했다. 그래서 한 글자, 한 단어에도 자기 생각에 계속 의문을 던지며 조심스럽게 써야 했다. 하지만 현재는 글을 쓸 때 편리하게 컴퓨터나 핸드폰을 사용하기에 예전만큼 고심하며 작성하지 않아도 된다. 그저 쓴 문장을 지우고 다시 써도 되고 문장 중간에 글자를 고치는 건 일도 아니다.

글을 잘 쓰는 능력이 우리 삶에서 필수 요소는 아니지만, 글은 우리에게 융통성 있게 생각할 수 있는 잠재력을 주고 상황에 따라 논리와 설득력 있게 말하는 법을 가르쳐 준다. 글에는 글 쓰는 사람에 따라 각자 고유의 언어와 감성이 내재하여 있다. 현대 생활 속에서 글을 써야 하는 일들이 점점 줄어들면서 글쓰기로 얻을 수 있는 이러한 능력들이 도태되고 있다. 생각이 복잡할 때나 영하나 책을 읽고 난 뒤, 혹은 아무 이유가 없더라도 그저 한 자 한 자 써 내려가며 잃어버릴 뻔한 자신의 언어와 감성을 되찾아 보는 건 어떨까.

신중히 생각하며 타닥타닥
한 자씩 써 내려가던
그때가 그리워.

- 타자기

What they want to tell us.

옛날 텔레비전

옛날 전화기

타자기

옛날 라디오

클래식 카메라

시계

클래식 자동차

"음악을 듣거나 아니면
적막을..."

– 옛날 라디오

LISTEN TO MUSIC
OR SILENCE!

빈 티 지 의   위 안

"음악을 듣거나 아니면 적막을…"

– 옛날 라디오

적막한 시간이 많았던 과거에는 라디오가 우리 일상을 다채롭게 채워주곤 했었다. 우리에게 즐거움을 주고 정보를 전달하기 위해 열심히 자신의 목소리를 내어 주었던 옛날 라디오가 그리운 이유는 잠시 라디오를 끄고 고요한 시간도 함께 보냈기 때문이다. 시끄러운 현실 속에서 잠시나마 모든 것을 멈춘 후 주변의 사물들과 정적의 시간을 가져보는 것은 어떨까.

사람들이 언제 어디서나 음악을 들을 수 있게 최초로 보편화한 매체는 라디오이다. 주파수를 조정해서 들을 수 있는 라디오는 정보도 전달해 주지만 우리에게 즐거움을 주는 요소인 음악도 들려준다. 지금 핸드폰의 역할 중 하나를 과거에는 라디오가 대신한 것이다. 라디오를 통해 다른 사람들의 생각과 사연을 듣기도 하고, 뉴스와 정보도 전달받으며, 여러 장르의 음악도 들을 수 있었다. 기술이 점차 발달하면서 테이프와 CD 같은 음악을 저장할 수 있는 매체가 출현하고 사람들은 각자 취향대로 음악을 들을 수 있게 되었다. 하지만 테이프나 CD를 재생시키기 위해선 별도의 플레이어가 필요했기에 누구나 쉽게 원하는 음악을 감상할 수 있는 것은 아니었다. 또한, 모든 음악을 들을 수 있지도 않았다.

현재는 인터넷과 스마트 기기만 있으면 듣고 싶은 음악을 언제 어디서나 들을 수 있게 되었다. 젊은 세대뿐만 아니라 모든 세대가 자신의 취향에 맞게 원하는 음악을 자유롭게 감상할 수 있다. 인터넷과 핸드폰의 발달과 더불어 이어폰도 함께 발달했고, 무선 이어폰의 출현으로 지금은 더 편하게 음악을 감상한다. 이러한 시대의 변천은 우리 생활에 변화를 가져왔다. 일상 속에서 수없이 음향과 소음이 노출되면서 삶에 정적인 시간이 거의 사라져버린 것이다.

2020년에 (주)글로벌리서치에서 '음악 이용자 실태조사'를 한 결과에 따르면 음악 콘텐츠 이용 빈도가 매해 점차 늘어나고 있는 것으로 알려졌다. 이 조사에 따르면 거의 매일 음악을 듣는 사람들의 비율이 2018년에 45.9%, 2019년에 50.9%, 2020년에는 53.8%로 해를 거듭할수록 점점 증가하고 있는 것으로 나타났다. 음악 감상 시 주 이용 장소는 집이 54.9%, 교통수단이 34.6%, 직장이 7.1%인 것으로 나왔다. 이러한 결과는 우리가 온종일 음악을 접하고 있다는 것을 의미한다. 자신의 의지와 별로도 카페나 식당, 쇼핑몰에서도 음악에 노출되기 때문에 거의 소음 속에서 살고 있다고 볼 수도 있다.

이렇게 현대 사회에서는 우리의 삶이 소리와 소음에 쉽게 노출되어 있기 때문에 요즘 사람들은 정적을 기피하기도 한다. 심지어 적막한 시간을 무서워하는 사람들도 있다. 일어나자마자 바로 텔레비전을 켜거나 핸드폰으로 콘텐츠를 재생하는 사람들이 많다. 일어났을 때 소리가 없는 적적한 상태를 낯설어하는 것이다. 아무 소리가 나지 않는 것에 대해 지루함을 느끼고 두려움을 가질 정도로 우리는 소리의 진동 속에서 살아가고 있다.

과거에는 적막한 시간을 즐기며 주변 소리를 듣는 시간이 많았을 것이다. 집에서는 텔레비전 소리 보다 가족들의 대화 소리로 가득했을 것이고, 전자 기기에서 나오는 소리 대신 주변의 소리로 일상이 채워졌을 것이다. 텔레비전과 라디오 방송은 정해진 편성표가 있기에 자신이 좋아하는 방송이 나오지 않을 땐 잠시 꺼두고 그저 고요한 시간을 여유롭게 즐기며 주변의 사소한 소리

Listen to music... or silence!

를 감상했을 것이다.

그래서 과거에는 가만히 앉아 생각하는 것을 즐기는 사람도 많았다. 즐길 거리가 많은 지금 시대와는 다르게 예전에는 독서 같은 취미를 갖고 있지 않으면 혼자서 할 수 있는 것이 많이 없었다. 그래서 사람들은 고요한 시간을 조용히 흘려보내며 사색에 잠기기도 했다. 길을 걸을 때, 대중교통을 이용할 때, 집에 있을 때도 콘텐츠로 눈과 귀를 즐겁게 하기보단 창밖을 쳐다보고 하늘을 한 번 더 올려다보고 사람들을 구경하기도 하며 자신 주변의 사물과 사람, 자연에 눈과 귀를 조금 더 집중했다.

콘텐츠의 홍수 속에서 이를 자유롭게 즐기는 것에 대해 비판적으로 생각하지는 않는다. 단지 우리가 전자 기기에 집중한 사이에 삶에서 놓치고 있는 부분이 있지 않을까 생각한다. 가끔은 이어폰을 빼고 고요한 시간을 즐기면서 우리 주변의 소리에도 귀를 기울여 보면 어떨까. 그러면 우리 삶에서 부족했었던 부분을 채우는 데 도움이 될 것이다. 주변 사물과 자연의 소리의 귀를 기울여 영감을 받을 수도 있고, 조용한 사색을 통해 소음이 가득한 현실에서 벗어나 마음의 안정을 찾을 수도 있다.

적막한 시간이 많았던 과거에는 라디오가 우리 일상을 다채롭게 채워주곤 했었다. 우리에게 즐거움을 주고 정보를 전달하기 위해 열심히 자신의 목소리를 내어 주었던 옛날 라디오가 그리운 이유는 잠시 라디오를 끄고 고요한 시간도 함께 보냈기 때문이다. 시끄러운 현실 속에서 잠시나마 모든 것을 멈춘 후 주변의 사물들과 정적의 시간을 가져보는 것은 어떨까.

Listen to music... or silence!

적막한 세상을 내 목소리로 활기차게
만드는 것도 좋았지만 가끔은
모든 게 멈춘 듯 고요한 시간도
즐겼던 옛날이 그리워.

- 옛날 라디오

What they want to tell us.

옛날 텔레비전

옛날 전화기

타자기

옛날 라디오

클래식 카메라

시계

클래식 자동차

"전처럼 특별한 날을
간직할 수 없어."

– 클래식 카메라

I CAN'T CAPTURE ANY
SPECIAL DAY LIKE BEFORE

빈 티 지 의 위 안

"전처럼 특별한 날을
간직할 수 없어."

– 클래식 카메라

사진으로 현상해야만 했던 옛날에는 필름을 맡기고 며칠
뒤 사진을 찾아 그것들을 다시 보며 그날의 추억과 기억을
소중히 생각하곤 했다. 그래서 그 시절의 옛날 카메라가
지금 다시 그리워지는 것 같다. 지금 시대에서는 언제
어디서나 성능이 좋은 핸드폰 카메라로 매일 수많은 사진을
촬영할 수 있지만 정작 핸드폰 안에 갇힌 사진과 추억들을
꺼내 보기가 쉽지 않기 때문이다.

추억의 필름 카메라가 다시 인기를 끌고 있다. 레트로가 유행하면서 옛날 감성을 느낄 수 있는 필름 카메라가 젊은이들 사이에서 새로운 취미가 되고 있다. 게다가 자동 카메라, 폴라로이드, 옛날 디지털카메라 등을 들고 다니며 과거의 향수를 불러일으키는 독특한 느낌으로 사진을 찍는 사람들이 많아졌다. 지금은 핸드폰으로 거의 모든 것을 할 수 있는 시대이기에 이러한 옛 감성으로 자신만의 고유한 개성을 드러내는 것이 새로움으로 다가오고 있다.

요즘에는 스마트폰 사진 공모전과 영화제가 있을 정도로 스마트폰에 탑재된 카메라 성능이 월등히 발달했다. 손바닥만 한 작은 핸드폰 안에 망각과 광각 렌즈의 기능이 탑재되면서 이제는 핸드폰으로 전문적인 사진과 동영상 촬영도 가능해졌다. DSLR과 같은 카메라로 전문적인 촬영을 하지 않는 이상 사람들은 굳이 카메라를 구매할 필요가 없어진 것이다. 요즘에는 사진 필터 기능이나 편집 애플리케이션이 있어서 핸드폰으로 영화 촬영, 프로필 촬영, 풍경 촬영 등 많은 것을 시도해 볼 수 있다. 이제는 번거롭게 카메라를 들고 다니지 않아도 핸드폰으로 거의 모든 것을 해결할 수 있게 된 것이다.

한 조사에 따르면 2020년에 전 세계 디지털카메라 출하량이 1999년 이후 처음으로 1,000만대를 밑돌았다. 일본카메라영상기기공업회(CIPA)의 집계가 시작된 1999년에 전 세계 디지털카메라 판매량은 508만대였다. 2000년에 1,034만대를 기록한 이후 꾸준히 늘어 2010년에 1억 2,146대로 최대 정점을 찍었다. 하지만 2010년대 들어 스마트폰이 보급되면서 시장이 빠르게 줄었고 지난해에는 1,000만대의 벽까지 무너졌다. 특히 스마트폰 카메라 성능이 진화하면서 이른바 '똑딱이'로 불리는 콤팩트 디지털카메라 시장이 큰 타격을 입었다.

레트로가 유행하며 필름카메라가 다시 유행하고 있지만, 그 시대를 살아보지 않았던 젊은 세대들이 새로운 것을 경험하며 가지는 취미일 뿐 핸드폰 카메라가 여전히 우리 일상의 대부분을 사진으로 남겨주고 있다.

예전에는 소풍과 나들이를 하러 갈 때 특별한 날을 사진으로 간직하기 위해 필수로 카메라를 챙겨 나갔다. 특히나 디지털카메라 출현 이전에 필름 카메라 시대에는 한 장 한 장을 신중히 생각하며 촬영해야 했다. 필름은 찍을 수 있는 사진의 개수가 정해져 있기에 한 장을 찍더라도 그날 전체의 계획을 생각하며 촬영해야 했다. 행여나 필름이 다 떨어져 나중에 중요한 순간을 포착할 수 없다면 아쉬움이 남기 때문이다.

현재는 과거와는 다르게 사진을 찍을 때 제한된 사진의 개수를 걱정하지 않아도 된다. 그래서 한 장소에서 찍더라도 수많은 사진을 찍어서 그중에 마음에 드는 사진을 몇 장 골라내면 된다.

심지어 요즘에는 음식 사진도 이쁘고 먹음직스럽게 보이기 위해 공을 들이며 촬영하는 사람들도 많다. 예전 필름 카메라 시절을 생각해 보면 감히 누가 음식 사진을 이렇게 정성스럽게 찍었을까 싶다. 누군가 "잠시만 음식 좀 찍을게." 라며 필름을 낭비하면서 음식을 찍는 경우는 극히 드물었을 것이다. 그날을 추억하기 위해 각자 서로를 찍어주며 추억을 간직하는 것이 더 중요했기 때문이다.

현재는 이렇게 하루하루 나의 일상의 모든 것을 핸드폰으로 쉽게 기록할 수 있다. 모든 날 모든 순간을 특별한 날로 만들 수 있게 된 것이다. 그렇지만 쌓여 가는 핸드폰 사진 용량 속의 수많은 사진을 보기 쉽게 정리하는 것은 상당히 힘든 작업이다. 핸드폰 앨범 속에 일상의 기록들이 열심히 축적되고 있지만, 그 추억을 핸드폰 밖으로 꺼내기가 사실상 쉽지 않다. 그래서 어떻게 보면 하루하루가 특별할 수 있지만, 그 일상의 특별함을 추억하는 재미는 사라진 느낌이다.

특정한 날을 기다리며 설레는 마음으로 전날 밤 잊지 않고 카메라를 챙겨 놓던 예전과는 다르게 현재는 특별한 날을 생각하는 기준이 많이 달라진 것 같다. 과거에는 친구와 주말에 놀러 가는 날, 연인과의 데이트, 학교 소풍, 동네 축제 등 일상의 사소한 이벤트를 소중히 사진으로 담기 위해 사람들은 카메라를 챙겼다. 지금은 즐길 거리도 많고 볼거리도 더 많아졌지만 부지런히 사진을 정리하지 않는 한, SNS에 사진을 제때 업로드하지 않는 이상 사진으로 특별한 날을 기억하며 웃고 떠들 수 있는 날이 예전보다 더 줄어들었다. 요즘 젊은이들이 핸드폰으로 쉽게 촬영할 수 있음에도 불구하고 굳이 번거롭게 옛날 카메라를 들고 다니는 이유도 똑딱이를 누름으로써 어떠한 순간을 특별하게 포착하고 추억하는 느낌을 갖고 싶은 것이다.

 사진으로 현상해야만 했던 옛날에는 필름을 맡기고 며칠 뒤 사진을 찾아 그것들을 다시 보며 그날의 추억과 기억을 소중히 생각하곤 했다. 그래서 그 시절의 옛날 카메라가 지금 다시 그리워지는 것 같다. 지금 시대에서는 언제 어디서나 성능이 좋은 핸드폰 카메라로 매일 수많은 사진을 촬영할 수 있지만 정작 핸드폰 안에 갇힌 사진과 추억들을 꺼내 보기가 쉽지 않기 때문이다. 한 번쯤은 핸드폰에 쌓여만 가는 소중한 사진들을 정리해 사진으로 인화도 해보며 자신의 추억들을 핸드폰 앨범 속에서 꺼내 보는 건 어떨까.

내가 눈을 깜빡하는 순간
평범한 날도 특별한 날이
되곤 했던 예전이 그리워.

- 클래식 카메라

What they want to tell us.

옛날 텔레비전

옛날 전화기

타자기

옛날 라디오

클래식 카메라

시계

클래식 자동차

"이제 우리는 모두 다른
시간을 보내고 있어."

− 시계

NOW WE ALL HAVE
DIFFERENT TIMES

빈티지의 위안

"이제 우리는 모두
다른 시간을 보내고 있어."

- 시계

사물 시계의 역할이 변하듯이 우리 삶의 시계도 각자 인생에 따라 다른 시간 속에 사는 형태로 변화하고 있다고 생각한다. 스무 살엔 대학을 가야하고 20대 중반에는 취직해야 하고 어느 정도 돈을 모아서 서른 살쯤엔 결혼해야 하는 옛날 방식에서 이제는 벗어날 때가 되었다.

우리 인생의 시계는 예측할 수 없는 수많은 선택으로 나뉘어 여러 형태로 변화하고 있다. 결국, 우리는 모두 각자 다른 인생의 타임라인 속에 살고 있는 것이다.

예전의 시계는 우리에게 시간을 알려주는 중요한 역할을 하는 필수품 중 하나였다. 집마다 있는 시계는 사람들의 시선이 닿는 곳마다 놓여 있었다. 행여나 시계의 배터리가 거의 닳아 시계가 느려졌는데 이 사실을 몰랐다면 생활에 불편함을 느낄 정도로 시계는 우리 삶에 중요하고 필수적인 사물이었다.

 기술이 발전하고 핸드폰이 보편화하면서 시계는 생활 속 필수품에서 제외되었다. 핸드폰만 보면 간편하게 시간을 확인할 수 있기 때문에 예전과 달리 길을 가다가 아무나 붙잡고 "지금 혹시 몇 시예요?"라고 물어볼 일도 없고, 혹시 물어볼 일이 생겨도 대부분의 사람은 핸드폰을 확인하며 시간을 알려줄 것이다. 시계의 역할을 핸드폰과 다른 스마트 기기들이 대신해줄 수 있음에도 불구하고 지금 우리가 시계를 구매하는 데에는 또 다른 이유가 있다.

 이제 시계는 단순히 시간을 알려주는 역할을 넘어 인테리어 소품이나 패션으로 우리의 생활 속에 자리 잡았다. 요즘은 집이나 카페 등을 방문했을 때 평범한 시계보다는 그 공간의 컨셉에 어울리는 이쁘고 독특한 시계를 보는 경우가 더 많다. 시계는 시간을 알려주는 기능보다 실내장식으로서 공간의 일부가 되었다. 집 분위기나 취향을 고려하여 시계처럼 보이지 않지만 재밌거나 신기한 모양의 시계를 선호하는 사람도 있고, 시간을 읽어내기 어려워도 자신의 개성을 표현하기 위해 독특한 디자인을 애호하는 사람도 있다. 그래서 현재 출시되는 시계들은 다양한 디자인은 물론이고 생활 방수, 스톱워치 등 많은 기능을 탑재하고 있다. 구매자의 성향에 따라 시계의 기능과 디자인 그리고 브랜드도 중요해진 것이다.

시계를 고르는 선택의 폭이 상당히 넓어졌다. 그래서 우리는 모두 각자 다른 스타일의 시계를 착용할 수 있게 되었다. 심지어 같은 모델의 핸드폰이나 스마트 워치를 쓸지라도 시계 화면을 자신의 편의와 취향에 따라 바꿀 수 있어서 저마다 다른 시계를 가지고 있다고 해도 될 정도로 다양성과 개성이 중요시되고 있는 시대이다. 손목시계도 요즘에는 패션 요소로 더 큰 기능을 한다. 시간을 확인하기 위해 손목시계를 차기보단 그날 어떤 옷을 입느냐에 따라 시계의 디자인과 착용 여부를 결정하게 된다. 이렇게 시대 변화에 따라 우리가 시계를 바라보는 시선이 바뀌었듯 우리 삶 속에 존재하는 타임라인에 대한 시각도 달라지고 있다.

예전에는 편리를 위해 필수적으로 모든 공간에 시계가 놓여 있어야 했다. 그러면 모두 다 같은 시계를 보고 정해진 일정에 맞춰 일관적으로 행동했다. 회사 사무실에 걸려 있는 시계가 5~10분 정도 맞지 않는다면 그 공간에 있는 사람들은 출퇴근과 점심시간에 자신이 착용한 시계와 회사 시계 중 어떤 시간에 맞춰야 할지 주변 시선을 의식하며 고민해야 했을 것이다. 요즘은 핸드폰으로 같은 시간을 언제 어디서나 확인할 수 있어서 이러한 상황이 온

You are all have different times.

다 해도 눈치 볼 일이 없다. 같은 시계를 보고 다 함께 움직이고 집마다 비슷한 모양의 시계를 가지고 있던 과거와는 다르게 현재는 각자 원하는 형태에 맞춰 각기 다른 시계를 지니고 다닌다. 이렇게 사물 시계의 역할이 변하듯이 우리 삶의 시계도 각자 인생에 따라 다른 시간 속에 사는 형태로 변화하고 있다고 생각한다.

스무 살엔 대학을 가야하고 20대 중반에는 취직해야 하고 어느 정도 돈을 모아서 서른 살쯤엔 결혼해야 하는 옛날 방식에서 이제는 벗어날 때가 되었다. 각자 다른 가정에서 태어나고 다양한 환경에서 자라기 때문에 사물을 바라보는 관점과 상황을 해석하는 능력이 같은 조건으로 주어지지 않는다. 같은 교실, 같은 선생님, 같은 친구들과 같은 것을 배운다고 할지라도 우리는 각자 다른 사고와 방식을 익히며 자신만의 고유한 방법과 방안을 모색하여 저마다 다른 인생을 살아갈 것이다.

이제는 자신이 선호하는 기능과 스타일을 고려하여 시계를 고르듯이 우리가 살아가는 인생도 각자 가진 능력과 원하는 삶의 방향에 따라 살아가야 한다. 서로 다르게 살아온 삶을 바탕으로 자신의 목표와 삶의 가치관에 맞춰서 앞으로의 인생을 설계하면 된다. 시계의 모습과 역할이 현대 사회에 맞춰 다양하게 변화한 것처럼 우리 인생의 시계도 예측할 수 없는 수많은 선택으로 나뉘어 여러 형태로 변화하고 있다. 결국, 우리는 모두 각자 다른 인생의 타임라인 속에 살고 있는 것이다.

여러 가지 모습으로 새롭게 태어나고 있는 시계는 자신의 다양한 변화에 대해 흐뭇하게 미소 짓고 있을 것이다. 시계는 과거 자신의 모습을 그리워하기보단 새롭고 다양해진 자신을 모습을 더 좋아할 것이다. 그리고 사람들도 서로 다른 인생 시계를 가지고 있다는 것을 받아들이고 그들만의 타임라인을 적용하여 자신이 원하는 대로 삶을 설계해 나가길 바랄 것이다.

내가 변한 것처럼
너의 인생 시계도 변했어.
이젠 그걸 받아들이고
너만의 타임라인을 설계해봐.

- 시계

What they want to tell us.

옛날 텔레비전

옛날 전화기

타자기

옛날 라디오

클래식 카메라

시계

클래식 자동차

"나는 나이 드는 게 아니야,
클래식이 되는 거지."

– 클래식 자동차

I AM NOT GETTING OLD,
I AM BECOMING A CLASSIC!

빈 티 지 의   위 안

"나는 나이 드는 게 아니야, 클래식이 되는 거지."

– 클래식 자동차

클래식 자동차가 사랑받는 이유는 그 자체의 가치가 어떤 위치에서든 돋보이기 때문이다. 시대가 변하고 환경이 변해도 그 고유의 개성과 분위기는 변치 않기 때문에 우리는 그 가치를 높이 평가하는 것이다. 우리의 삶도 이와 비슷하다. 우리가 쌓아 온 경험과 노력으로 우리 인생의 가치가 평가되지만, 자신이 가진 고유성을 잃지 않고 어떤 자리에서든 자신을 빛나게 할 수 있다면 우리 인생도 클래식이 될 수 있다.

최근 자동차 브랜드들이 전기차, 자율 주행과 더불어 몰두하고 있는 것이 있다. 바로 헤리티지 모델이다. 헤리티지(heritage, 유산) 마케팅이란 기업과 제품의 오랜 전통 및 역사를 비즈니스에 활용하는 것을 말한다.

애스턴 마틴은 브랜드 대표 모델 '본드카' DB5를 50여 년 만에 복각해내는가 하면, 폭스바겐은 예전에 인기 있었던 마이크로버스의 전기차 버전을 선보였고, 포드는 단종되었던 SUV 모델 브롱코를 새로운 디자인으로 다시금 출시하며 큰 화제를 불러모았다.

자동차 디자인은 기술의 발전과 더불어 계속 색다른 모습을 띠며 다양하게 변화하고 있다. 특히나 내연 엔진과 연료 탱크가 없는 전기차가 출현하면서 새로운 디자인 가능성이 무궁무진해졌다. 과학과 기술의 발전으로 빠르게 변화하는 시대 속에서 오래된 것은 진부하고 불편하게 느껴질 수 있다. 그렇지만 지금 느끼기에 오래된 것들도 처음 세상에 등장했을 때에는 혁신과 새로움으로 다가왔을 것이다. 시간이 지나면서 새롭게 출현하는 것에 의해 오래된 것은 자연스럽게 밀려난다. 이러한 현상 속에서 옛날에 주목받던 전통적인 모델이 다시 출시되고 사랑받는 이유에 대해 나는 긍정적 의문을 가지게 되었다. 단순히 오래되어서 가치 있는 것일까? 지금은 구하기 힘들어서 희소성을 높이 사는 것일까? 여러 의문을 던져 보았지만 명료한 답이 나오지 않았다.

그냥 한때 잘 나갔던 명성 있는 자동차 브랜드이기에 지금까지도 클래식 자동차로 인정받는 것일까? 그것으론 설득력 있는 이유가 되진 않았다.

클래식 자동차가 사랑받는 이유는 그 자체의 가치가 어떤 위치에서든 돋보이기 때문이다. 시대가 변하고 환경이 변해도 그 고유의 개성과 분위기는 변치 않기 때문에 우리는 그 가치를 높이 평가하는 것이다. 우리의 삶도 이와 비슷하다. 우리가 쌓아 온 경험과 노력으로 우리 인생의 가치가 평가되지만, 자신이 가진 고유성을 잃지 않고 어떤 자리에서든 자신을 빛나게 할 수 있다면 우리 인생도 클래식이 될 수 있다. 이것이 바로 클래식 자동차가 우리에게 주는 의미인 것 같다.

80년대 중반에는 자가용차로 사람들이 저렴한 가격의 티코를 많이 끌고 다녔지만 계속 새로운 자동차 모델이 등장하고 티코는 그저 가성비 좋은 경차로만 취급되었다. 그렇지만 지금 시대에 누군가 잘 굴러가는 티코를 타고 다닌다면 향수와 희소성의 가치가 부각되어 많은 사람이 신기하게 바라볼 것이다. 이렇게 그 자체의 고유성을 빛이 나게 보관하고 잘 닦아 낸다면 모든 것이 클래식이 될 수 있는 것이다.

우리의 삶에서는 자기 자신의 위치에서 무엇을 해야 하는지 아는 게 가장 중요하다. 어떤 일이든 사소하고 가치 없는 일은 없

I am not getting old. I am becoming a classic.

다고 생각한다. 자신이 그 일에 대한 의미를 어떻게 두냐에 따라서 달라진다. 그리고 그것을 자신이 소중하게 만들어 인생에 적용해야 한다.

2021년에 배우 윤여정이 영화 '미나리'로 제93회 아카데미 시상식에서 여우조연상을 받았다. 한국 영화사상 배우가 연기상으로 아카데미 트로피를 거머쥔 건 윤여정이 최초다. 이 수상을 계기로 많은 사람의 인생에 긍정적인 영향을 끼쳤다. 70대 중반으로 접어들고 있는 인생에서 대단한 업적을 남긴 배우 윤여정을 보며 우리 인생도 다시금 돌아보게 된다. 나이가 들어 노인이 되어 가면 우리는 인생에서 할 수 있는 것이 점점 사라진다고 생각한다. 그렇지만 윤여정 배우는 자신의 인생을 끝까지 놓지 않고 삶의 가치를 계속 닦아가며 자신을 빛내어 결국 한국 영화 역사에 한 획을 그었다.

이처럼 우리 인생이 클래식이 되는 것은 삶의 방향과 선택에 따른 자기 자신의 의지에서 시작된다. 자신의 삶 속에서 자기가 만들어내는 목표와 가치관을 지켜가며 굳건한 의지로 다스린다면 우리 인생도 모두 클래식이 될 수 있는 것이다. 미래의 나의 클래식한 인생을 상상하며 지금의 위치에서 내가 해야 할 일이 무엇일지 생각해 보자.

I am not getting old. I am becoming a classic.

클래식한 인생이 쉬운 건 아니지만
누구나 가질 수 있어.

- 클래식 자동차

빈티지의 위안

2장

그들이 우리에게 말하고자
하는 것은 무엇일까?

What do they want to tell us?

플로피 디스켓

휴대용 카세트 플레이어

다리미

옛날 컴퓨터

전축

비디오 테이프

램프

공중전화

삐삐

우체통

What do they want to tell us?

빈티지 소품들이
우리에게 하고 싶은 말이 무엇일지
각자의 경험을 바탕으로
자신의 생각을 채워 주세요.

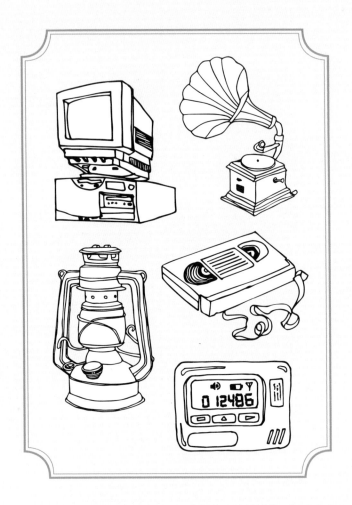

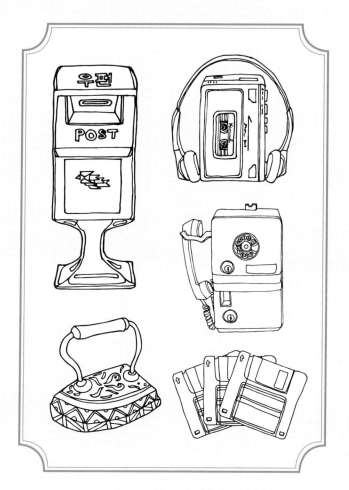

66
99

― 플로피 디스크

"   "

- 휴대용 카세트 플레이어

"

"

                    - 다리미

"   "
———————————————————————
- 옛날 컴퓨터

"   "
_____

— 전측

"　　　　　　　　　　　　　　　　　　　　"

- 비디오 테이프

""

— 램프

" "

‑ 옛날 공중전화

"   "
_____

— 빠삐 —

- 옛날 우체통

테이프에 음악을 녹음하여 취향을 교환하며 듣던 시절.

다방에서 기다리다 상대방이 안 오면
쪽지를 남겨 놓고 가던 시절.

전화 요금이 비싸서 눈치 보며 연인과 오래 통화하다
부모님께 혼나던 시절.

온 가족이 거실에 모여 거의 매일 함께
텔레비전을 보던 시절.

에 필 로 그

빈티지의 위안

What they want to tell us.

이 책을 쓰면서 나의 과거를 돌아보기도 하고 내가 몰랐던 그 이전의 과거까지 알아가게 되었다. 그렇지만 내가 경험해 보지 않은 그때 그 시절의 이야기를 글로 옮기는 것은 어려운 일이었다. 이렇게 난관에 부딪힐 때마다 나는 아버지와의 대화를 통해 예전 시절을 더 자세히 엿볼 수 있었다. 아버지의 젊은 시절에 관해 이야기하며 그 감정에 이입해보고 과거의 습관과 감성에 대해 분석해 보았다. 그리고 과거에는 있었지만, 현재 우리의 삶에서 사라지고 있는 부분이 무엇인지 생각해 보았다.

아버지가 기억하는 과거는 테이프에 음악을 녹음하여 취향을 교환하며 듣던 시절, 나방에서 기다리다 상대방이 안 오면 쪽지를 남겨 놓고 가던 시절, 전화 요금이 비싸서 눈치 보며 연인과 오래 통화하다 부모님께 혼나던 시절, 온 가족이 거실에 모여 거의 매일 함께 텔레비전을 보던 시절이었다. 지금은 기술의 발전으로 모든 것이 편리해졌다. 유튜브나 스트리밍 서비스로 듣고 싶은 음악을 들을 수 있고, 핸드폰으로 연락해서 만나면 되고, 전화 요금 때문에 통화 시간을 걱정하지 않아도 되고, 보고 싶은 프로그램은 각자 스마트 기기로 시청할 수 있다. 예전 시절과 비교해 보면 지금은 너무나도 편한 세상에 살고 있다.

점점 더 풍족한 세상이 되어 가고 있지만, 마음이 풍족해지지는 않는 것 같다. 예전에는 분명 지금보다 풍요롭지 못했는데 왜 그 시절은 따뜻하게 느껴질까 생각해보게 된다. 같이 공유하고 추억하고 뭐든지 함께 해야 하는 일들이 많았던 예전 시절에는 서로를 통해 삶을 채워 나갔다. 함께하는 경험 속에서 우리는 즐거움을 느끼고 공감과 생각하는 능력을 배웠다. 빈티지가 인기를 끌고 있는 이유도 아날로그 시대에서만 누릴 수 있었던 그러한 감성이 지금 젊은 세대들에게는 신기하고 재미있게 다가오기 때문 아닐까.

나의 어린 시절을 떠올려 보며 그때는 채워져 있었지만, 지금은 허전하게 느껴지는 부분이 무엇일까 생각해 본다. 당신도 힘들고 바쁘게 달려오면서 놓치고 있었던 삶의 조각들을 지나온 과거를 돌이켜 보며 찾아보고, 그 속에서 위안을 얻길 바란다.

나의 삶의 위안은?

? 의 위안

청구 번호		등록 번호	
저자명			
서 명			
날 짜	이 름	나의 삶의 위안은?	

"서로의 위안을 공유해
보세요!"

참고문헌

- 위키백과, OTT 서비스, "https://ko.wikipedia.org/wiki/OTT_서비스", (2021.07.24)

- 구민기, "국내 OTT시장 3조 훌쩍 넘을 듯", 한경닷컴, 2021.04.25

- 경영 컨설턴트가 들려주는 산업분석, "SVOD, AVOD, TVOD - OTT의 구분", https://kayd-breakjob.tistory.com/3, (2021.07.24)

- 권명관, "코로나19로 인해 성장 가속화한 OTT 서비스", 동아닷컴, 2021.02.25

- 리서치 페이퍼, ""통화는 싫어"…카톡, 문자 선호하는 이유", https://post.naver.com/viewer/postView.nhn?volumeNo=29807169&memberNo=39007078, (2021.07.24)

- "[카카오 최대 실적-②] 호실적 1등 공신은 '카카오톡'", 에너지경제신문, 2021.02.10

- 황혜원, ""대학 와서 글쓰기 배우는 학생들"…대학생 문해력 저하 '심각'", 대학저널, 2020.10.19

- "음악 이용자 실태조사 결과", http://www.kocca.kr/industry/16_industry_m_3_2.pdf, (2021.07.24)

- 이승우, "1000만대도 안 팔린 디카 시장…"동영상 특화 기기로 반등 나선다"", 한경닷컴, 2021.02.13

- HYPEBEAST, "지금 출시되면 잘 팔릴 것 같은 국산 빈티지 카 10", https://hypebeast.kr/2020/8/korean-old-car-hyundai-kia-ssangyong-pony-pride-tico-galloper, (2021.07.24)

- 김예서, "FILA, 헤리티지로 되살아나다", 소비자평가, 2017.10.31

- 홍석윤, "전기차, 자동차 디자인 어디까지 바꿀까", 이코노믹리뷰, 2019.09.03

- 한혜선, ""온 마음 다해 축하" 윤여정, 아카데미 수상에 연예계 '들썩' [ST이슈]", 스포츠투데이, 2021.04.26

빈 티 지 의 위 안

ⓒ 여울, 2021

초판 1쇄 2021년 10월 20일

글, 일러스트	여울
펴낸이	여울
펴낸곳	도서출판 창조와 지식
편집, 디자인	여울
인쇄처	(주)북모아

출판등록번호	제2018-000027호
주소	서울특별시 강북구 덕릉로 144
전화	1644-1814
팩스	02-2275-8577

이메일	yeouulkwon@gmail.com
인스타그램	@yeouul_illustrator

ISBN   979-11-6003-372-4

"추억을 대여하고
연체했던 시절"

- 비디오 테이프